AF450618

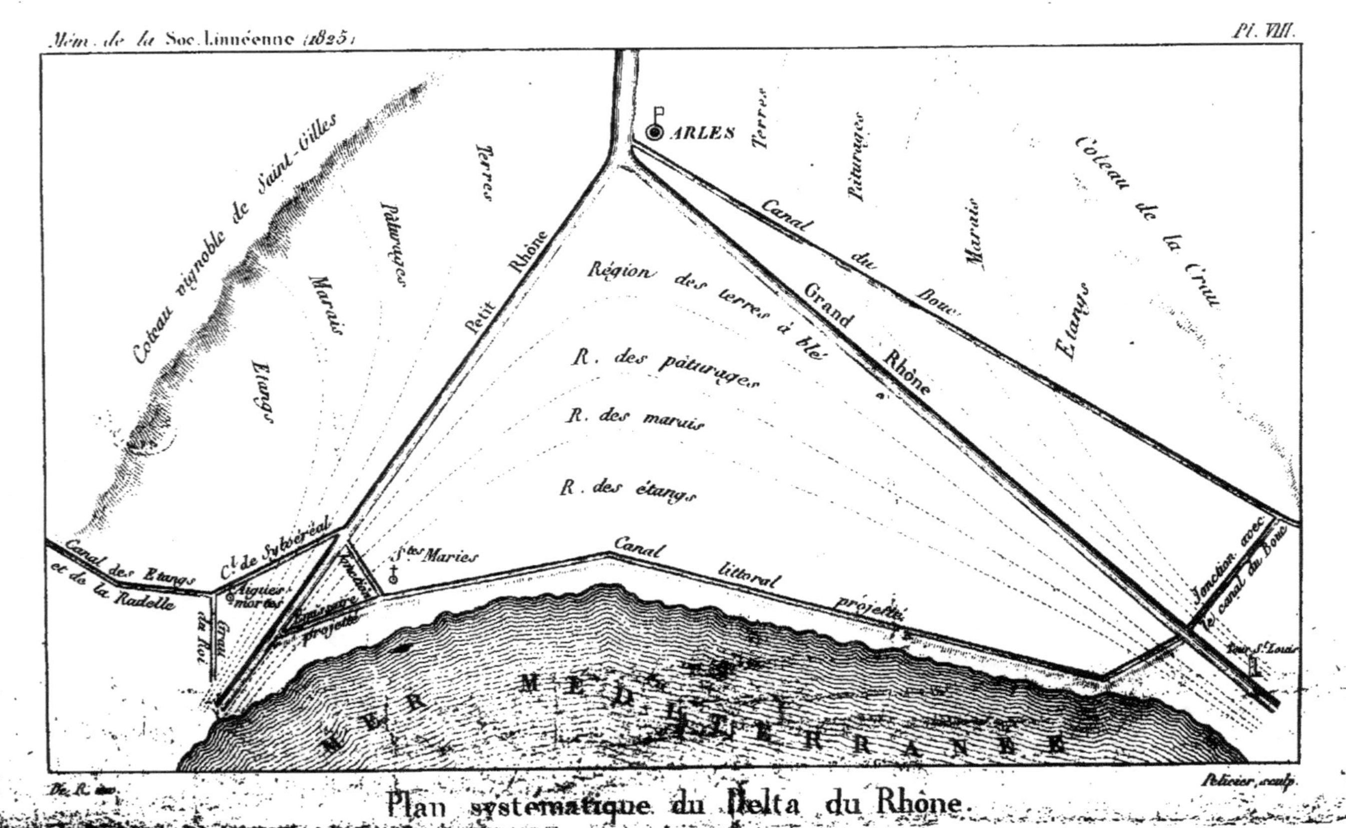



Plan systématique du Delta du Rhône.

# MÉMOIRE

SUR

# L'EAU, LES TERRAINS SALANS

## ET LE DELTA DU RHONE ;

SUIVI D'UN SECOND MÉMOIRE SUR LA PORTION DE CE DELTA
APPELÉE LA CAMARGUE ;

## Par M. DE RIVIÈRE,

Maire de Saint-Gilles, correspondant de la Société Linnéenne
de Paris.

---

PARIS,

DE L'IMPRIMERIE DE LEBEL, IMPRIMEUR DU ROI,

RUE D'ERFURTH, N° I, PRÈS L'ABBAYE.

1825.

# MÉMOIRE

SUR

## L'EAU, LES TERRAINS SALANS, ET LE DELTA DU RHONE.

---

### PREMIÈRE PARTIE.

*De l'eau considérée comme le principal agent de la nature dans l'acte de la végétation.*

Les principes généraux en agriculture, comme dans presque toutes les sciences, ne doivent être considérés que comme des moyens plus ou moins ingénieux de classer, de coordonner ensemble des vérités de fait ou d'observation, et d'en former un corps de doctrine, un système qui seconde la mémoire et serve de guide dans les recherches et les expériences qu'on voudra faire pour découvrir de nouvelles vérités.

Trop souvent les dernières venues de ces vérités, déduites par analogie des principes généraux d'abord établis, se trouvent en contradiction avec eux. Les faits même, et les observations qui avaient précédé, s'expriment par des idées presque contradictoires avec celles qui les représentaient d'abord. En un mot, c'est une autre science. L'ancien système est renversé pour faire place à un autre qui probablement subira plus tard le même sort.

Malgré toutes ces variations, les sciences naturelles prennent de jour en jour de plus grands développemens, les naufrages de leurs devanciers jalonnent a route de nos savans, comme les leurs marqueront les écueils que devront éviter leurs successeurs.

Peu versé dans l'étude de la physiologie végétale, et peu au courant de ce qui se trouve consigné à cet égard dans les divers écrits et les journaux qui en traitent, je risque fort, en énonçant mon opinion particulière sur la végétation, de ne dire que des choses triviales ou contraires aux dernières découvertes; aussi n'ai-je d'autre prétention que de rattacher à un petit nombre d'idées simples les connaissances théoriques que je crois indispensables à un agriculteur, sans garantir l'exactitude rigoureuse de mes principes. J'aurai rempli mon but s'ils sont peu compliqués, faciles à saisir et d'une application commode dans la pratique.

L'eau donne le mouvement et la vie à tout le règne végétal par la facilité avec laquelle le calorique la pénètre et la transforme. Je comparerais volontiers son action sur la terre à celle de la circulation du sang sur les animaux, s'il n'était ridicule d'établir une comparaison entre ces deux choses.

Chargée de toutes les matières dont elle a pu s'emparer, en les *enveloppant mécaniquement,* ou en se combinant chimiquement avec elles, l'eau s'élève des couches inférieures du sol jusqu'à la surface par l'effet de la capillarité, s'y vaporise plus ou moins promptement par celui de la chaleur, circule autour des végétaux à l'état gazeux, et leur forme une sorte d'atmosphère qui les pénètre et les nourrit; de là s'élance dans les airs, les parcourt à l'état de nuages, s'enrichit des principes nutritifs qu'ils contiennent, et bientôt condensée, redevenue liquide, retombe sur la terre, et après avoir offert une partie de son butin aux suçoirs extérieurs des végétaux, va présenter à l'action des tuyaux capillaires de leurs radicules ce qui lui reste des alimens dont elle s'est pourvue pendant son voyage aérien, et tous ceux dont elle s'est emparée pendant son infiltration à travers les couches supérieures du sol.

Son extrême mobilité, qu'elle doit à la facilité avec laquelle le calorique se saisit d'elle ou l'abandonne tour-à-tour, et à la prodigieuse différence de sa pesanteur spécifique dans ses différens états; son affinité avec une foule de substances qu'elle dissout ou qu'elle entraîne dans son mouvement et ses transformations successives, tout semble nous autoriser à lui assigner le principal rôle, le rôle actif dans la végétation. L'expérience d'ailleurs vient appuyer puissamment cette opinion qui est celle des anciens Egyptiens (comme nous le verrons plus bas).

En conséquence, je me crois autorisé à poser en principe :

1° Que la terre et l'air jouent un rôle à peu près passif dans la végétation;

2° Que le fluide aqueux, continuellement mû et transformé par l'addition ou la soustraction du calorique, est l'élément actif de la nature végétale, le pourvoyeur général des plantes ;

3° Enfin, que le végétal n'est autre chose qu'un hygromètre doué de la faculté de digérer et de s'assimiler les alimens qui lui sont transmis par le fluide aqueux dont il a subi l'action.

Du simple énoncé de ces trois principes découle, selon moi, avec la plus grande facilité, toute la théorie de l'agriculture. En effet, en raisonnant d'après eux, pour qu'un végétal prospère, il faut qu'il soit abondamment pourvu des substances nécessaires à son aliment ; ne pouvant se mouvoir pour se les procurer, il faut que son pourvoyeur aille souvent à la provision, c'est-à-dire qu'il faut que l'atmosphère et le gîsement de la plante passent alternativement de l'état de siccité à celui d'humidité relative : la permanence trop prolongée de l'un ou de l'autre état empêcherait les variations hygrométriques du végétal, le priverait de la nourriture, du tribut que le fluide aqueux de l'air ou de la terre apporte à ses suçoirs intérieurs ou extérieurs *(les radicules et les feuilles)*. Ces principes expliquent aussi comment l'humidité de l'air peut, jusqu'à certain point, suppléer à celle de la terre, et réciproquement.

De ce qui précède on doit conclure que le premier soin de l'agriculteur qui veut entreprendre une exploitation doit être de reconnaître d'abord la quantité et l'essence du fluide aqueux que lui fournissent, dans la localité où il s'établit, les pluies, les rosées, les brouillards, les sources souterraines ou *surgeons* et les eaux affluentes ; en second lieu, la manière dont se comporte le sol par rapport à ce fluide aqueux, et surtout sa perméabilité, sa capillarité, son *hydrophoricité*, et l'affinité de quelques-uns de ses composans pour l'eau (1).

Il n'existe aucun moyen de maîtriser le fluide aqueux qui vient de l'atmosphère; on ne peut que suppléer à son défaut par l'irrigation, si l'on dispose de quelque eau affluente; c'est le plus puissant élément de prospérité agricole. Quant aux eaux souterraines, on peut s'en débarrasser (si elles gênent) par des travaux convenables, mais on ne peut les créer quand elles manquent.

La perméabilité au degré et à la profondeur convenables peut s'obtenir par des labours, par des mélanges de terre et par d'autres amendemens; mais ces moyens sont souvent trop dispendieux dans la pratique; d'ailleurs cette faculté du sol est liée avec la capillarité, de manière qu'on ne peut toucher à l'une sans atteindre l'autre, car moins le terrain sera perméable, plus, en général, il sera susceptible des phénomènes de la capillarité. C'est un principe qu'on ne doit jamais perdre de vue.

La faculté que j'appelle *hydrophoricité* peut être donnée au sol par l'addition des sels déliquescens et des substances végétales; c'est un utile supplément des irrigations, parce que ces substances qui s'emparent de l'humidité de l'air et de la terre, lorsqu'ils en sont surchargés, la leur rendent peu à peu lorsqu'ils

---

(1) J'appelle *hydrophores* les substances qui attirent l'eau, s'en imbibent, et ne la rendent à l'air que peu à peu; tels sont les détritus des végétaux, les sels déliquescens, etc.

en manquent, et conservent ainsi, comme en réserve, aux suçoirs des plantes, le précieux véhicule qui pourvoit à leurs besoins.

Quant à l'affinité chimique pour l'eau de certains composans du sol, il faut voir s'il convient et s'il est possible de l'augmenter ou de la diminuer ; mais, en général, toutes les substances exposées à l'action libre de l'air en sont saturées.

Enfin, il restera encore à notre agriculteur à reconnaître quelles matières nutritives peuvent lui fournir, dans la localité où il va établir son exploitation , l'air ou la terre, et quelles sont celles qui lui manquent pour les végétaux particuliers qu'il veut cultiver.

Dans cette dernière recherche, c'est surtout l'expérience des résultats, toujours nécessaire pour confirmer les théories, qui doit le diriger ; c'est elle aussi qui lui apprendra de quelle manière il doit traiter chaque espèce par rapport au fluide aqueux.

A défaut d'expérience, il pourra trouver une sorte de guide dans le rapport que nous avons dit exister entre le végétal et l'hygromètre. En observant la contexture, et surtout les radicules et les feuilles de la plante, il verra comment l'eau l'affecte, c'est-à-dire sa plus ou moins grande susceptibilité hygrométrique, susceptibilité qui dépend beaucoup de l'épiderme de la tige et des feuilles qu'on voit souvent recouvertes d'un vernis qui les empêche de se *mouiller*, comme il arrive de quelques espèces aquatiques qui puisent dans l'eau et les terrains humides où elles végètent, la plus grande partie des alimens qui leur sont nécessaires, et semblent repousser ceux qui leur viennent du fluide aqueux de l'atmosphère. D'autres, au contraire, végétant sur un sol très-sec, ne paraissent s'en servir que pour s'y cramponner en quelque sorte, et ne se nourrissent que par l'action de leurs suçoirs extérieurs.

En résumé, je réduis toute la science de la végétation à trois points :

1° Procurer au végétal la quantité convenable de fluide aqueux, ni trop, ni trop peu, selon l'espèce qu'on cultive;

2° Disposer les substances indigestibles (qu'on me passe le mot) ou momentanément telles, comme sont les molécules minérales insolubles, les corps organisés non décomposés, etc., etc., de manière qu'elles facilitent le mouvement et les transformations du fluide aqueux, d'après les besoins du végétal;

3° Mettre à la portée de la portion de ce fluide aqueux qui doit agir sur le végétal, et rendre solubles ou mobiles par leur ténuité, et susceptibles de digestion végétale, les matières qu'il doit charier à ses suçoirs extérieurs ou intérieurs.

Les opérations de la première et de la seconde espèce doivent être comprises sous le nom d'amendement; celles de la troisième, sous celui d'engrais.

### SECONDE PARTIE.

*Application de cette théorie à l'agriculture des terrains salans en général.*

Je ne donnerai pas à cette théorie de plus grands développemens; j'en ai dit assez pour qu'on puisse l'appliquer à chaque localité, comme je vais le faire aux terrains salans, sur lesquels on a moins écrit, et qui par cette raison sont moins connus.

Ces terrains, dont le caractère distinctif est d'être fortement et profondément imprégnés de sel marin, occupent d'assez grands espaces pour mériter l'attention des agronomes. Leur stérilité, quand leur *salure* est excessive, contraste d'une manière frappante avec leur fertilité lorsqu'ils sont traités convenablement pour diminuer cette *salure*. L'émulation devrait être vivement excitée par cette considération, surtout quand on se rappelle la merveilleuse fécondité du Delta d'E-gypte, le plus célèbre des terrains de cette espèce, dont la salure, au rapport de tous les voyageurs, est telle que si, une seule année, le Nil ne recouvre pas la terre, le sel effleurit en grande abondance à la sur-face, amené des couches inférieures par l'eau qu'élève le jeu des tuyaux capillaires du sol (1).

______

(1) Le phénomène de l'efflorescence du sel marin est assez bien représenté par le résidu de charbon que la combustion de l'huile laisse au bout de la mèche d'une lampe.

L'eau chargée de sel est élevée par la capillarité du sol, comme l'huile, dont le carbone est un des composans, par celle de la mèche.

La plus ou moins grande évaporation de l'eau, fournie par la capil-

- Dans les terrains de cette espèce, l'attention de l'agriculteur doit se porter particulièrement sur la capillarité dont l'action (presque toujours favorable à la végétation partout ailleurs, au moins en été, parce qu'elle remédie aux séchcresses qui souvent désolent nos campagnes) exerce toujours sur les salans, dans cette saison, et même dans toutes, une influence funeste par l'excès de sel qu'elle élève et qu'elle accumule dans la couche végétale.

Ce sel, s'il n'était pas en excès, serait utile à la végétation comme substance hydrophore; car il est très-déliquescent et soutire avec force l'humidité de

---

larité, produit la plus ou moins grande formation de sel sur le sol, comme la plus ou moins grande combustion d'huile produit la plus ou moins grande quantité de résidu charbonneux au bout de la mèche.

L'évaporation de l'une, comme la combustion de l'autre, dépend beaucoup de la sécheresse de l'air ambiant, et surtout de la chaleur appliquée.

Dans l'un et l'autre cas, l'action capillaire s'affaiblit à mesure que le réservoir devient plus profond, et cesse tout-à-fait d'avoir lieu quand il est à une certaine profondeur.

On s'explique aisément par cette comparaison, comment il se produit beaucoup plus de sel en été qu'en hiver et dans l'Egypte que dans la Camargue; pourquoi un arrosement ou une pluie, suivis de la sécheresse, fait souvent paraître des efflorescences salines qu'on n'aurait pas eues sans cette irrigation : expérience qui a souvent dégoûté les agriculteurs des submersions fluviatiles; c'est de l'huile dont on a humecté la mèche de la lampe

On conçoit de même comment d'excellentes terres à luzerne sont devenues stériles par excès de sel après leur défrichement. C'est que les profondes racines de cette légumineuse ont servi de mèches, si je puis m'exprimer ainsi, pour élever l'eau salée du fond de la terre.

l'atmosphère; mais lorsqu'il est en trop grande abondance, les eaux pluviales et les eaux d'arrosage n'arrivent à la plante que chargées d'une forte dissolution qui enveloppe les substances nutritives qu'elles contiennent, de telle sorte que le végétal ne peut se les assimiler, et ne reçoit par ses radicules qu'une nourriture indigeste qui cause sa langueur et sa mort. Peut-être aussi les vaisseaux capillaires des racines sont-ils obstrués par la densité de cette dissolution ou paralysés par son âcreté. On peut même présumer que le sel s'y cristallise.

Quelque explication qu'on donne de ce phénomène, il demeure constant :

1° Que les végétaux résistent plus ou moins au salant, selon la nature ou l'intensité de leurs forces digestives ; mais qu'il n'en est aucun, pas même les chénopodées maritimes, qu'un certain degré de *salure* ne fasse périr ;

2° Que cette *salure* est sans cesse augmentée par la capillarité, si l'on ne rompt les tuyaux capillaires ;

3° Enfin, qu'après avoir détruit la capillarité, si le terrain est déjà trop imprégné de sel pour que le végétal qu'on veut y cultiver prospère, il faut laver le mieux et le plus économiquement possible, la couche où doit s'établir la végétation.

On rompt les tuyaux capillaires du sol par l'addition de substances capables de tenir les molécules suffisamment éloignées pour cet effet les unes des autres ; des labours multipliés et faits en temps opportun, de manière à diviser la terre en petites mottes (sans trop l'atténuer), procurent le même résultat.

Lorsque le sol est préparé de cette manière, les eaux pluviales opèrent naturellement une sorte de lavage; car la terre, étant alors très-perméable, est aisément traversée par ces eaux qui entraînent jusques à la couche inférieure le sel qui se trouvait dans la couche cultivée.

On obtient par ce procédé de belles récoltes; mais on sent que la moindre négligence pouvant laisser se former de nouveau les tuyaux capillaires, l'amélioration est précaire et peu durable. Le sel n'a pas été enlevé, mais déplacé; il peut reparaître dans moins de temps qu'on n'en a mis pour le faire disparaître.

Pour obtenir des résultats permanens, il faut avoir recours au lavage, au moyen de l'eau affluente introduite sur le sol, puis évacuée lorsqu'elle s'est emparée du sel marin en dissolution.

Cette méthode est celle des anciens Egyptiens, nos maîtres en agriculture (1); elle n'est pas (malheureu-

_________________

(1) J'ai dit, dans le cours de ce mémoire, que mon opinion sur l'eau était celle des anciens Egyptiens. En effet, dans son *Traité d'Isis et d'Osiris,* (traduction d'AMYOT) PLUTARQUE dit, § XXX : « Les » plus savans des prêtres entendent par Osiris, non-seulement la » rivière du Nil, ains généralement toute vertu de produire eau et » toute puissance humide, estimant que ce soit la cause matérielle » de génération et la substance du germe génératif. »

Ils entendent par Typhon, non-seulement la mer, « mais toute » vertu dessicative, toute chaleur de feu et toute sécheresse, comme » chose qui est de tout point contraire à l'humidité, » à la production.

§ XXXIII. « Ils tiennent que le corps d'Isis est la terre, non pas

sement) facile à suivre dans tous les pays, mais pourrait l'être dans plusieurs où l'on néglige de l'adopter.

De tout ce que je viens de dire, il résulte que l'agriculture de ces terrains doit différer de celle des terrains ordinaires par deux points essentiels : 1° la nécessité d'empêcher toujours dans les salans l'eau des couches inférieures du sol de s'élever par l'action capillaire ; 2° l'attention constante à remplacer l'humidité dont on se prive ainsi par toute celle qu'on peut se procurer d'autre part, surtout par celle que

---

» toute, mais celle que le Nil, en se mêlant, rend fertile et féconde,
» et de celle assemblée ils disent qu'il s'engendre Orus, qui n'est
» autre chose que la température et disposition de l'air qui nourrit
» et maintient toute chose. »

§ XLVIII. « Partout où l'image d'Osiris est en forme d'homme, ils
» le peignent avec le membre viril droit, pour figurer la vertu d'en
» gendrer et de nourrir. »

§ LII. Ils appellent Isis « la partie féminine de la nature apte à
» recevoir toute génération. »

Lorsqu'ils disent que Typhon enferme Osiris dans un coffre et le jette à la mer, c'est la sécheresse qui fait rentrer le Nil dans son lit.

La sœur d'Isis, l'épouse du stérile Typhon, Nephtys, c'est le rivage de la mer. Son adultère avec Osiris, c'est l'image du fleuve dans ses crues, lorsqu'après avoir fertilisé le Delta proprement dit, il va se répandre sur le rivage maritime ; alors il féconde Nephtys, il lui fait produire Anubis, c'est-à-dire les végétaux qui fixent les dunes de sable et forment une digue qui garantit le Delta inférieur des invasions de la mer ; aussi les Egyptiens disent-ils que la prévoyante Isis, malgré tous les efforts de Typhon, fit élever Anubis pour lui servir de gardien ; en conséquence ils représentent ce dieu avec une tête de chien.

Ce tamarix qu'Osiris dans son coffre, en s'arrêtant à ses pieds sur le rivage, fit devenir, § XVI, « un fort beau et fort gros tronc
» d'arbre dont le roi de Byblus, s'ébahissant de voir cette plante crue

peuvent fournir les substances hydrophores dont j'ai plus haut recommandé l'emploi comme amendement, et dont on use depuis long-temps dans le beau Delta du Rhône, qui sera le sujet de la suite de ce mémoire.

~~~~~~~~~~

## Application à l'agriculture du Delta du Rhône en particulier.

Comprise entre les fameux pâturages de la Crau, les riches coteaux vignobles de Saint-Gilles et la mer, cette belle plaine triangulaire de cent cinquante mille

---

» en telle grandeur....... en feit un pilier à soutenir le toict de sa » maison » : c'est une peinture vraie de l'activité que donnent les bains d'eau douce à la végétation de cet arbre des rivages qui ne redoute pas la salure du sol, ni les inondations de la mer, mais ne prend un grand accroissement que lorsqu'il est arrosé par de l'eau douce.

Le Rhône, séparé de son Delta par des digues élevées, représente fort bien l'Osiris des Egytiens, ravi aux embrassemens d'Isis son épouse légitime, renfermé dans un coffre et jeté à la mer par Typhon, l'ennemi de la végétation, de la nature animée. Notre Isis (le Delta du Rhône) gémit de cette séparation qui la condamne à une stérilité presque absolue.

Fort rarement chez nous le tamarix est arrosé par l'eau du fleuve ; aussi prend-il rarement assez d'accroissement pour que nos pêcheurs, comme le roi de Byblus, puissent en construire le rustique pilier de leur cabane.

Mais ce qui surtout manque à notre Isis, c'est cet Anubis, son précieux gardien. Pour le faire naître, il faudrait que le Rhône, dans ses crues, couvrît toute la côte maritime de notre Delta, il y ferait croître en abondance des végétaux qui, fixant les sables, en feraient une barrière insurmontable à la mer. Alors notre Isis, gardée par son fidèle Anubis, § XXXV, « ayant recouvré Osiris, élèverait Orus, » fortifié de vapeurs, brouillas et nuées. »
~~~~~~~~~~

hectares de superficie, créée très-récemment par les dépôts du Rhône et du Vidourle, n'a guère que le quart de sa contenance en état de culture; un autre quart consiste en marais et en pâturages dits *inganes* (1), et enfin le surplus, près de la moitié, reste frappé d'une stérilité absolue.

On peut, en changeant le système d'agriculture suivi machinalement depuis que le Rhône a été resserré entre des digues, montrer dans cette contrée, aujourd'hui si misérable, la réalité de tout ce que les anciens et même les voyageurs modernes racontent de l'incroyable fertilité de l'Egypte. Notre Delta, comme celui du Nil, a été usurpé sur la mer par les dépôts sous-marins d'un fleuve limoneux. Stérile par l'excès de sel qu'il renferme, il devient prodigieusement fertile, comme l'Egypte, par l'introduction des eaux du fleuve, et, comme elle encore, retourne à la stérilité, lorsqu'il est privé de ces eaux bienfaisantes, si des labours et des engrais multipliés n'y remédient. Malheureusement les Provençaux ont suivi une méthode directement opposée à celle des Egyptiens. La différence n'est pas moindre dans les résultats.

Dans le Delta du Rhône, comme dans celui du Nil,

---

(1) Pâturages salés où domine le *Salsola fruticosa*, vulgairement appelé ingane, mais où l'on trouve anssi en abondance le précieux *Plantago coronopus;* quelques graminées, parmi lesquelles on distingue dans les bas-fonds le *Poa littoralis;* les autres plantes les plus communes sont le *Statice limonium*, le *Chenopodium fruticosum*, l'*Atriplex portulacoïdes* dont le bétail est très-friand, et quelques autres espèces moins utiles à la nourriture de nos troupeaux.

outre l'excès du sel, il faut combattre encore la ténuité des molécules du sol, qui fait, comme l'observe
M. CHAPTAL, dans sa *Chimie agricole*, « qu'il n'a plus
» de consistance, que l'eau le réduit en une véritable
» boue, que les influences atmosphériques n'y ont plus
» d'accès, et que les racines ne peuvent plus remplir
» leurs fonctions. »

Aussi ne cultive-t-on dans le nôtre que les terrains
à qui les détritus de végétaux accumulés et non entièrement décomposés, ou une juste proportion de
sable apportée soit par le vent, soit par quelque inondation du fleuve, ou tout autre accident favorable,
ont donné le degré de perméabilité et de consistance
convenable ; tous les autres sont abandonnés à la dépaissance du gros et du menu bétail.

Parmi ceux qu'on cultive, quelques-uns veulent des
soins très-multipliés pour empêcher le *salant de mon-
ter*. Le moyen le plus généralement employé est de
couvrir de substances végétales non décomposées, les
terres ensemencées : on empêche ainsi l'évaporation
de l'eau qui s'élève du sol par la capillarité ; le sel,
contenu dans cette eau, n'est pas mis à nu, et la
terre restant humide ne sollicite pas l'action des tubes
capillaires qui lui apporteraient continuellement, sans
cette précaution, une nouvelle quantité de sel. Ces
substances végétales ont aussi l'avantage d'attirer l'humidité de l'atmosphère et d'entretenir la fraîcheur aux
pieds des végétaux.

Les balles de blé remplissent merveilleusement ce
double objet, parce qu'elles peuvent aisément être ré-
pandues de manière à couvrir tout-à-fait la surface.

Plus la couche de végétaux superposés est épaisse, plus grand et plus durable est l'amendement.

Les usages locaux, surtout celui de conserver l'herbe des jachères pour la dépaissance des bêtes à laine, empêchent souvent d'employer, pour dessaler les terres, le moyen non moins efficace, et souvent plus économique que les précédens, d'amender le sol en le rendant plus perméable.

Il ne faut jamais perdre de vue que l'objet principal des soins de l'agriculteur doit être de détruire, ou du moins de neutraliser autant que possible, l'action des tuyaux capillaires sur la couche supérieure. Des labours multipliés remplissent cet objet; mais toutes les époques ne sont pas également favorables pour les donner.

Il faut un certain état intermédiaire entre la sécheresse et l'humidité, tel qu'en labourant on divise la terre en petits agrégats assez durs, assez liés entre eux pour résister long-temps à l'action des agens atmosphériques, afin que les pluies et les rosées puissent pénétrer aisément la terre par les interstices qu'ils laissent entre eux. On est dans l'usage, après chaque labour, de briser les mottes trop grosses avec un rouleau armé de chevilles de fer très-acérées; on leur donne ainsi le degré de division nécessaire, sans les pulvériser, comme on le ferait avec le rouleau ordinaire.

Cette méthode, généralement suivie par les meilleurs fermiers du pays, n'est guère propre qu'à conserver en bon rapport les terres déjà fertiles, à moins

que l'on n'ait soin de cultiver de très-bonne heure
et profondément, pour que les pluies d'automne et
d'hiver opèrent le lavage des couches cultivées. L'expérience de ce dernier procédé m'a convaincu que
les plus mauvais fonds de notre Delta sont susceptibles
des plus riches produits.

En novembre 1817, j'entrepris de mettre en culture
des terres jusques alors jugées incapables, par leur *salure*, de porter des récoltes; je les fis travailler avec la
bêche, à 25 millimètres ou 9 pouces de profondeur, en
formant de très-grosses glèbes qu'on appuyait, sans les
diviser, les unes contre les autres, tournées sens dessus
dessous, de manière qu'elles laissassent entre elles de
fréquens interstices. L'automne et l'hiver furent humides; l'eau pluviale, après avoir traversé les mottes et
s'être chargée du sel qu'elles contenaient, descendit
jusqu'à la couche non cultivée, et ne remonta plus,
parce qu'il y avait pour les tuyaux capillaires solution
de continuité; de sorte que ces mottes restèrent presque entièrement dessalées. J'employai tout l'été de 1818
à les diviser; je semai, en octobre suivant, dix hectolitres de blé; j'en recueillis, en juin 1819, cent soixante
et quinze; je cultivai de la même manière, et semai,
en octobre 1820, les mêmes terres, et de plus, une
autre traitée la même chose : le produit de quatorze
hectolitres de semence fut deux cent cinquante-six
hectolitres de récolte, résultat encore plus brillant.
Ces faits sont connus de tous les habitans de Saint-
Gilles.

Depuis, distrait par d'autres affaires, et par de fré
quentes absences de chez moi, je n'ai plus renouvelé

l'épreuve, j'ai fait, au contraire, la triste expérience du non-succès de la méthode ordinaire, dans le défrichement d'un pâturage excellent que j'ai détruit sans lui faire produire les récoltes que j'en espérais avec plus de raison que des terres dont je viens de parler, et cela, faute d'avoir cultivé d'assez bonne heure.

Comme je crois l'avoir dit plus haut, la nécessité de conserver les jachères sans culture jusqu'à la fin d'avril, pour engraisser les agneaux, s'oppose à l'adoption de cette méthode. On aura toujours beaucoup de peine à engager un fermier à sacrifier le profit certain du *Ray-gras*, vulgairement appelé *margal*, qui croît abondamment dans ses chaumes, à l'espérance d'une amélioration foncière. D'ailleurs, je ne puis dissimuler que cette amélioration est précaire, et que si l'on n'empêche soigneusement la terre de se tasser, le *salant* remonte avec plus de force que jamais.

Quelques cultivateurs ont cherché à rendre leur sol plus perméable en lui-même, par l'addition de coquillages et de végétaux non décomposés; ils ont réussi; mais peu de fermiers sont assez bien placés et assez riches pour les imiter; d'ailleurs, quoique plus durable que le précédent, cet amendement n'a d'effet qu'aussi long-temps que ces substances ne sont pas décomposées ou triturées.

Le vrai moyen, le véritable amendement de ce terrain, c'est l'eau du fleuve qui l'entoure, qui souvent le domine de plusieurs mètres, convenablement administrée. Tous les agriculteurs du pays le savent; presqu'aucun ne profite de cette connaissance. Est-ce apathie de leur part? difficulté administrative? impossibilité pécuniaire?....... C'est un peu tout cela, et surtout l'absence des propriétaires. Mais il est hors de mon sujet d'aborder cette question : dans un second mémoire je ferai connaître ce qu'on fait à cet égard en ce moment, ce que propose M. DE GASPARIN, dans les *Annales d'agriculture,* et ce qui, selon moi, vaudrait mieux.

# SECOND MÉMOIRE.

COMMENT LAVER, ASSAINIR,
ET RENDRE SUSCEPTIBLES DES PLUS RICHES PRODUITS,
LES TERRAINS *SALANS* DE LA CAMARGUE.

## PREMIÈRE PARTIE.

*Vices du système actuel d'irrigation et de lavage.*
*— Améliorations dont il est susceptible.*

Pour fixer les idées, et n'être pas entraîné à de trop grands développemens, je ne m'occuperai dans ce second mémoire que de la partie de notre Delta comprise entre les deux branches du Rhône, et généralement connue sous le nom de *Camargue*. Ce que j'en dirai pourra facilement être appliqué aux terrains adjacens, qui sont de même nature et placés sous les mêmes influences morales et physiques.

Cette île, dont le niveau moyen n'est pas de plus d'un mètre au-dessus de l'*étiage* (1) de la mer, est entourée de fortes digues qui l'empêchent d'être exhaussée et fertilisée par les eaux limoneuses du fleuve, et n'en

_______________

(1) On entend par ce mot le niveau des basses eaux de la mer.

a point qui la garantissent des eaux destructives de la mer ; de sorte que si des fortes marées, favorisées par les vents du sud ou du sud-est, coïncident, comme il arrive souvent vers l'équinoxe d'automne, avec les torrens de pluie qui tombent ordinairement à cette époque dans nos contrées, il en résulte l'inondation d'une grande partie de sa surface. Aussi estime-t-on qu'elle n'en a pas plus du cinquième en état de culture.

Tandis que partout ailleurs la prospérité agricole suit une progression ascendante incontestable, au moins pour la quantité des produits, sa marche est rétrograde dans la Camargue. On peut se faire une idée assez exacte du point de décadence où se trouve chacune de ses parties, en sachant depuis combien de temps le Rhône ne la couvre plus de ses eaux. Mais serait-il possible d'engager les propriétaires à rompre ces fatales digues? Non certainement : personne n'est disposé à sacrifier son existence actuelle à l'espérance d'un meilleur avenir. Chacun est résigné à subir sa triste condition, crainte de pire. Plus on est plongé dans la misère, moins on a de courage et de ressources pour en sortir.

Si l'on demande comment un système aussi absurde, aussi désastreux, a pu s'établir, et comment il peut se maintenir encore......... la réponse sera facile. C'est que jamais les propriétaires de l'île n'ont formé un seul corps, une association qui s'occupât de l'amélioration générale. Les chaussées actuelles, qu'au premier aperçu l'on pourrait prendre pour un travail d'ensemble, ne sont réellement que des ouvrages partiellement exécutés par les riverains, au fur et à mesure que l'exhaussement des bords du fleuve, au moyen des attérissemens, leur faisait concevoir la possibilité de garantir leurs propriétés des inondations.

Après avoir repoussé le Rhône par des digues, il devint nécessaire d'y faire des saignées pour alimenter les abreuvoirs des bestiaux. Il est même vraisemblable qu'on se flatta de retirer par les canaux, vulgairement appelés *Roubines*, qu'on construisit à cet effet, l'eau nécessaire à l'irrigation des prés et au *dessalage* du sol ; mais depuis on renonça presque généralement à cette espérance, quand on vit les roubines si promptement encombrées par la vase. On en réduisit l'emploi à l'abreuvage des bestiaux et à la submersion de quelques bas-fonds, qui furent convertis de la sorte en marais infects.

En ce moment nos fermiers n'en tirent guère d'autre parti. Peu d'entre eux, profitant des crues du printemps, s'en servent quelquefois pour l'irrigation de leurs prés ; d'autres, plus industrieux ou plus riches, élèvent l'eau des roubines pour arroser leurs luzernières, avec des pompes mues par un manége où sont attelés plusieurs chevaux. Mais, jusqu'à ce jour, ces derniers sont en petit nombre, et on n'en trouve pas un qui s'occupe sérieusement du lavage de son sol.

Dans le cahier des *Annales d'agriculture* du 30 novembre 1824, M. DE GASPARIN a fait insérer un mémoire très judicieux sur les terrains salans de la Camargue : il y propose d'employer les machines à vapeur pour élever l'eau qu'il destine au lavage ; il se livre à ce sujet à des calculs qui prouvent qu'on pourrait arriver à de grands résultats par cette opération, mais qui malheureusement établissent aussi la nécessité de verser de grands capitaux sur les propriétés qu'on voudrait améliorer de la sorte; d'ailleurs, l'adoption générale de ces moyens supposerait un grand accroissement de population et la présence du propriétaire, choses que l'insalubrité actuelle du climat ne permettent pas d'espérer.

En rendant justice au mérite de l'auteur du mémoire, en le remerciant d'avoir appelé l'attention des agronomes sur notre Delta, je me permettai de lui faire observer qu'avant d'avoir recours à l'emploi des machines très-dispendieuses et très-assujétissantes qu'il propose pour dessaler nos terres, on doit tenter de faire adopter un système qui permette d'utiliser pour cet objet les crues du fleuve, qu'on sait être très-fréquentes, et qui plusieurs fois dans le cours de l'automne et du prinptemps maintiennent assez long-temps, quelquefois pendant des mois entiers, le niveau de ses eaux à plusieurs mètres au-dessus de celui de nos fonds les plus élevés.

C'est alors qu'enrichi tour à tour des dépouilles de presque tous les départemens du sud-est et du centre de la France, le Rhône offre en quelque sorte aux agriculteurs le choix entre toutes les natures de limon dont ils peuvent désirer de recouvrir leurs champs.

Veulent-ils de la terre calcaire mêlée d'un précieux humus, qu'arrachent aux stériles montagnes de la Provence les torrens de pluie qui les déchirent si souvent? elle leur est charriée par l'impétueuse Durance. La couleur de l'eau leur fait connaître que c'est d'elle que le fleuve leur apporte le tribut.

Préfèrent-ils les riches dépouilles des Cévennes et du Vivarais, où la terre calcaire se trouve mélangée avec la volcanique et la siliceuse? elles leur sont transmises par le Gardon et par l'Ardèche.

Veulent-ils des attérissemens argileux? l'Isère leur apporte ses eaux schisteuses mêlées avec la terre fertile des Alpes, et des belles vallées de Chambéri et du Grésivaudan.

Enfin la Saône, la Drôme, tous les affluens du Rhône leur arrivent avec leurs qualités et leurs couleurs distinctives.

On ne trouve pas cette précieuse variété dans les eaux qui viennent lentement par les roubines, et que pourraient élever des machines hydrauliques; elles ne contiennent que de l'argile et d'autres substances en petite quantité, toujours les mêmes, celles qui restent le plus long-temps en suspension dans l'eau. Pour un sol déjà trop argileux et dont les molécules sont trop atténuées, tel que celui de la plus grande partie de la Camargue, elles ne sauraient être un aussi bon amendement que celles qu'au moment des crues on puiserait dans le fleuve, toujours plus ou moins chargé, dans ces périodes, de sable et de détritus de végétaux non décomposés qu'entraîne la rapidité du courant.

Mais comment profiter des crues autrement que par les roubines? Et si l'on se sert des roubines, au moment des crues, comment empêcher l'engorgement de leur lit, qui coûte des sommes énormes à déblayer, et peut occasioner des pertes considérables par la privation d'eau qu'éprouve le bétail pendant tout le temps qu'on s'occupe de leur recreusement? Rien de plus

simple. Il suffira d'avoir, outre la roubine destinée
à alimenter les abreuvoirs, un canal superficiel dont
l'unique emploi sera de fournir aux terres l'eau nécessaire pour les dessaler et les arroser, quand l'élévation
du fleuve le permettra (1).

Ce moyen, sans difficulté le plus économique, est
aussi le seul que des particuliers puissent adopter pour
améliorer de grandes surfaces.

En effet, ce canal superficiel, comme tous les travaux de ce genre, dans cette contrée où les différences
de niveau ne sont presque pas sensibles, pourra recevoir à peu de frais des dimensions proportionnées à
l'étendue du sol à amender. Son entretien ne coûtera
rien ou presque rien ; il n'exigera que l'attention de
faire couper ou brûler les bois, les buissons et les végétaux aquatiques qui croîtront dans son lit ; le produit de cette coupe surpassera presque toujours la dépense.

Il se recreusera de lui-même par la rapidité de son
courant, à moins qu'il ne soit destiné à porter les eaux
bien loin dans l'intérieur de l'île ; cette rapidité dé-
pendra de la hauteur de la crue au-dessus de la terre
à amender, de l'éloignement de cette terre, et de la
vitesse acquise dans le lit du fleuve, dont il faudra
profiter en plaçant convenablement l'ouverture du ca-

(1) Si l'on veut avoir, en outre, des irrigations indépendantes de
la hauteur du fleuve, l'on emploiera les pompes à manége introduites depuis peu, ou mieux encore les pompes à vent, les pompes
à vapeur que propose M. DE GASPARIN, ou telle autre machine
qu'on voudra ; on fera toujours bien en jetant de l'eau sur son sol,
mais plus ou moins économiquement.

nal. Cette vitesse ne peut qu'être grande quand la crue est forte.

Après s'en être servi, et dès que le niveau du fleuve se sera abaissé, l'on pourra ramener les eaux dans son lit, au moyen de l'ancienne roubine, en faisant très-peu de changement à ses dispositions actuelles, ou bien, les évacuer dans les marais et bas-fonds dont on disposera.

<div align="center">~~~~~~~~~~~</div>

SECONDE PARTIE.

*Nécessité de commencer par assainir. — Description hydrographique de l'île. — Projets d'assainissement, de lavage et d'irrigation.*

Ce n'est point assez d'avoir donné l'idée de quelques améliorations possibles dans la Camargue; avant de songer à les faire, il faut chercher à remédier à la cause première de la langueur de son agriculture; je veux parler de la stagnation des eaux, d'où résultent des myriades d'insectes désolans, une insalubrité, je pourrais dire une infection qui la rendent inhabitable, qui font continuellement diminuer la population laborieuse, empêchent l'établissement de nouveaux colons, et font fuir bien loin de cette terre de désolation les propriétaires aisés.

Vainement proposera-t-on des procédés plus ou moins ingénieux pour fertiliser ce sol, on n'arrivera à aucun résultat satisfaisant, si on ne commence par l'assainir : heureusement les moyens qui peuvent le rendre plus salubre sont aussi les plus propres à le rendre plus fertile. Quelque jour un gouvernement réparateur jettera sur nous un regard de bienveillance et de pitié; quelque jour le digne héritier d'Henri IV daignera reprendre et mettre à exécution les grandes vues, les pensées paternelles de son aïeul en notre faveur (1).

Je fonde mes espérances sur les lumières de l'administration supérieure, sur le zèle éclairé des administrateurs et des ingénieurs locaux, sur l'importance de l'objet, et sur ce que j'ai déjà obtenu de M. le directeur-général des ponts-et-chaussées, pour l'assainissement du territoire de Saint-Gilles, qui n'est qu'une faible partie du Delta.

Qu'un homme qui faisait tout pour l'orgueil, envoyât le plus grand ingénieur de l'époque actuelle consacrer à l'assainissement d'une contrée étrangère cette supériorité incontestable de talent, que réclamait vainement la misère d'une contrée française, non moins insalubre que les *marais Pontins* et plus importante par son étendue, comme par les ravages que des maladies contagieuses sorties de ce foyer pouvaient répandre dans le cœur de l'état.... je ne m'en étonne

---

(1) Personne n'ignore quelle était l'étendue du génie d'Henri le Grand; elle égalait la bonté de son cœur. Sous lui, l'agriculture reçut une grande impulsion; la France agricole n'oubliera jamais qu'elle doit au sage Sully la propagation du mûrier. Les habitans du Delta du Rhône se rappellent avec reconnaissance, que cet esprit d'amélioration s'est fait ressentir jusque chez eux : les belles opérations du Hollandais Van-Heins sur les marais de Montmajour, les entreprises de la maison de Noailles sur ceux de Saint-Gilles, les canaux de vidange de la Camargue, etc., sont le résultat de cette heureuse impulsion.

pas plus que des vastes ressources que M. DE PRONY a trouvées dans son génie, pour achever le desséchement de cette contrée si célèbre , où tant d'hommes supérieurs avaient échoué , et qu'il eût tout-à-fait conquise sur la *malaria* (1), s'il eût présidé encore quelques années à ses destinées.

Mais ce qui m'étonne toujours davantage, c'est que nous Français, qui sommes si vains de nos prétendus progrès.dans la civilisation, de nos *lumières*, de notre *humanité*, nous laissions périr par les fièvres, et languir dans la misère, les malheureux habitans de la terre la plus susceptible de prospérité qui soit en France ; de cette terre que les anciens avaient surnommée *Théline* et *Mamillaria* (*nourricière*) à cause de sa fertilité (2); de cette terre, dont le génie de JULES CÉSAR avait apprécié d'un coup d'œil toute l'importance, qu'il avait jugée digne de porter le nom de Delta, lorsqu'elle sortait à peine du sein de la mer, et qui aujourd'hui, bien accrue par les attérissemens successifs, n'est pourtant féconde qu'en misère, en fièvres et en maladies épidémiques, qu'elle propage dans tous les environs.

Dans le XVIe siècle, la Provence a été ravagée par quatorze pestes et cinq épidémies ; dans le XVIIe, par cinq pestes et trois épidémies ; dans le XVIIIe, par onze épidémies, outre la fameuse peste de 1720 : tous

---

(1) Expression dont on se sert en Italie pour exprimer l'effet des terribles exhalaisons des marais, et plus particulièrement celui des marais Pontins.

(2) Arelatus.. Theline vocata.. Grais inspiente, FESTUS AVIENUS (ora maritima).

ces fléaux ont eu leur foyer ou du moins un de leurs plus puissans moyens de propagation dans l'air infect qui s'exhale de nos marais.

Hé bien ! le gouvernement impérial, si prodigue de notre or pour des provinces étrangères ; n'a pas dépensé une obole pour remédier à tant de maux ; tandis que le gouvernement papal, que nous accusons si volontiers d'incurie, surtout à l'occasion de ces marais Pontins, a employé pour leur desséchement des sommes énormes. Pie VI, lui seul, y a versé près de neuf millions de francs, et la dépense annuelle que supporte l'état pour l'entretien des travaux qu'il avait fait exécuter s'élève à près de trois cent mille francs, comme on peut s'en convaincre par la lecture du chef-d'œuvre hydrographique que M. de Prony a publié à ce sujet.

Nos marais à dessécher ont bien plus d'étendue que les marais Pontins ; leur terrible influence s'exerce aussi sur une surface plus que double de celle qui est soumise à la *malaria* de la campagne de Rome, et cependant il est certain que, pour les mettre dans un état très-satisfaisant, il en coûterait beaucoup moins qu'il ne reste à dépenser dans le sol Pontin ; mais il ne faudrait rien moins qu'un homme tel que M. de Prony pour concevoir le plan de cette opération, et surmonter toutes les difficultés de la nature : il faudrait aussi une grande persévérance, une grande force de caractère dans l'administration locale, pour vaincre les obstacles bien plus graves qu'opposeraient à l'exécution les préjugés de localité, les volontés, même les caprices des particuliers ; car, dans ces entreprises, il faut tenir compte de tout, et surtout des obstacles moraux.

On peut prendre une idée du genre d'amélioration sanitaire dont serait susceptible la Camargue, par la notice suivante, dont M. DE PRONY a bien voulu entendre la lecture avec intérêt, et que par cette raison je transcris littéralement, quoique la rédaction en soit peu soignée, quoique les faits et les raisonnemens qu'elle renferme ne puissent être considérés que comme des indications dont je ne puis rigoureusement garantir l'exactitude. Je ne suis ni assez instruit, ni assez convenablement placé pour cela. Je ne veux qu'appeler l'attention des ingénieurs locaux, ou de ceux que l'administration supérieure pourra consulter sur des moyens qui auraient peut-être échappé à leur sagacité, et que m'a suggérés la connaissance particulière des localités, que je dois à l'exploitation d'une terre que je possède dans l'île du Plan-du-Bourg, à l'extrémité de la Camargue.

## Notice hydrographique sur la Camargue.

La superficie de la Camargue peut être évaluée à cinquante-cinq mille hectares, dont onze en terres cultivées, dix-huit en pâturages salés, sept en marais, et enfin dix-neuf en étangs salés, absolument improductifs.

Le niveau moyen des terres au-dessus de l'étiage de la mer, est d'à peu près 2 mètres; celui des pâturages, de 1 mètre 25 centimètres; celui des marais, de o <sup>m</sup> 75 centimètres ; celui des étangs, de o <sup>m</sup> 25 centimètres (1). La déclivité du sol se trouvant très-peu sensible, comme on le voit, il serait difficile d'évacuer des eaux *torrentielles* ou de *surgissement*, s'il y en avait dans l'île ; heureusement il n'en existe pas de la première espèce, très-peu de la seconde, et l'on est garanti par les fortes chaussées de celles du Rhône ; en

---

(1) Avant l'établissement des digues, quand le fleuve débordait, les attérissemens étaient bien plus considérables sur ses bords qu'au centre de l'île, et au sommet du Delta qu'à sa base, car les eaux se clarifient et se dépouillent de leur limon à chaque pas qu'elles font. Aussi les sols élevés sont-ils moins étendus, et vont-ils toujours en se rétrécissant à mesure qu'on se rapproche davantage de la mer.

On peut se faire une idée de la configuration des terrains créés comme le nôtre par les dépôts d'un fleuve, au moyen du plan systématique, ci-joint. (*Voyez* la planche.)

J'y suppose, pour plus de simplicité, que les branches du Rhône arrivent en ligne droite à la mer, et qu'elles n'ont jamais changé de lit.

Il est évident que si nous imaginons trois plans horizontaux, le premier élevé de deux mètres au-dessus de l'étiage, le second d'un mètre et demi, le troisième de soixante et quinze centimètres, les intersections de ces trois plans avec la surface du Delta seront des courbes hyperboliques qui auront pour asymptotes les branches du Rhône. L'espace compris entre le fleuve et la première intersection est la région des terres ; celui compris entre cette première intersection et la seconde, est la région des pâturages ; entre les deux dernières courbes, se trouve la région des marais ; enfin entre celle-ci et la mer, est la région des étangs.

On conçoit que les circuits du fleuve, et ses fréquens déplacemens ont empêché les niveaux de s'établir comme je les suppose ; cependant les différences ne sont pas assez grandes pour qu'on ne puisse prendre une idée assez exacte de l'île et de tous les terrains d'une formation analogue, par l'inspection de mon plan.

formant une digue contre celles de la mer, on n'aurait plus à s'occuper que des eaux pluviales.

Il tombe annuellement quarante centimètres d'eau, terme moyen, dans cette contrée, dont un tiers bien souvent dans l'espace de quinze jours, en octobre ou en novembre, sans que durant ce temps il en soit absorbé une grande quantité par l'évaporation. Toute l'île peut donc en recevoir alors treize centimètres sur toute sa surface, qui, réduits par l'imbibition à environ dix centimètres, recouvriraient les étangs (qui sont à peu près le tiers de l'île) d'une couche d'eau de trente centimètres, lesquels, ajoutés aux vingt-cinq centimètres dont leur sol est déjà supérieur au niveau de la mer, comme nous l'avons dit plus haut, n'élèveraient qu'à cinquante-cinq centimètres la surface supérieure de l'eau qu'ils contiendraient. Le sol des marais serait encore de vingt-cinq centimètres plus élevé, par conséquent évacué peu de jours après la cessation des pluies, si les émissaires, appelés vulgairement *vidanges,* étaient bien entretenus. Les étangs euxmêmes, formant une vaste surface liquide, continuellement agitée par les vents, seraient bientôt en grande partie desséchés, car l'évaporation totale de l'année, dans ce pays, est évaluée à un mètre vingt centimètres, dans des circonstances ordinaires, ce qui donne dix centimètres par mois, tandis que la quantité moyenne d'eau qui tombe, n'est pas de plus de quatre centimètres; il y a donc, chaque mois, six centimètres au profit de l'évaporation, et bien davantage dans les étangs.

3.

On voit aisément qu'au bout de trois ou quatre mois, tout serait à sec dans l'île. Dès lors plus de fièvres intermittentes occasionées par la stagnation des eaux, puisque la fange des marais ne fermente que pendant la chaleur, et que, dès le mois de mars, tout serait complétement desséché.

Ainsi, l'assainissement complet ne tient qu'à la *diguation* des étangs ; c'est en effet par se préserver des eaux extérieures, que tout bon système de dessèchement doit commencer ; ici l'on n'a plus que celles de la mer à combattre.

Mais nous venons de sacrifier à l'écoulement des terres de l'île une portion très-considérable de sa surface ; l'intérêt de l'agriculture exigerait que cette portion fût au moins convertie en pâturages. Pour cela, il conviendrait de la dessécher chaque année, aussi bien et le plus tôt qu'on le pourrait ; de plus, il serait très-important de pouvoir arroser les marais et les étangs eux-mêmes sans inconvénient pour la salubrité, de pouvoir même les attérir par les eaux du Rhône. L'on trouvera aisément la solution de ces deux problèmes dans la situation et la climature de la contrée.

Aux inondations d'automne succèdent presque immédiatement des vents du nord impétueux, qui chassent les eaux de la mer loin de son rivage, et la font même descendre quelquefois à vingt centimètres au-dessous du niveau de son étiage, tandis qu'ils accumulent au contraire vers les bords de la mer les eaux des étangs, de manière que de ce côté elles sont souvent plus élevées de cinquante centimètres, que celles du rivage opposé; en sorte que si les étangs, dont nous avons dit que le sol est déjà de vingt-cinq centimètres au-dessus de l'étiage, avaient de larges canaux émissaires dans la mer, ils seraient promptement écoulés; mais l'existence de ces émissaires est presque impossible à cause de leur prompt ensablement (1).

Je propose de les remplacer par un canal qui jetterait toutes les eaux des étangs dans le petit Rhône en aval de la ville de Saintes-Maries, point où le fleuve est à peu près au niveau de la mer ( quand il n'y a pas de fortes crues ); ce moyen serait moins prompt, mais plus sûr et peut-être le seul exécutable.

Pour rendre ce canal utile à la navigation et au lavage du sol des étangs, il serait convenable de le faire aboutir d'un côté au grand Rhône, vis-à-vis de la tour Saint-Louis, afin de le lier à celui de Bouc, au moyen d'un canal fort court, qu'on ferait sur la gauche de ce fleuve, et de l'autre côté à la ville de Saintes-Maries, d'où partirait un embranchement qui se dirigerait vis-à-vis de l'écluse du canal dit de Sylveréal, qui aboutit lui-même à ceux de la Radelle et des étangs (2), dont le mien deviendrait une continuation. ( *Voyez* la planche. )

On aurait soin de faire ce canal aussi près du rivage que le sol le comporterait, afin de garantir de submersion la plus grande quantité possible d'étangs.

(1) Ce n'est qu'à grands frais qu'on entretient, assez mal, le *Grau* du roi d'Aigues-Mortes, qui est un ouvrage du genre de ceux qu'il faudrait exécuter.

(2) Le canal des étangs a été construit comme le serait mon canal littoral, entre les étangs et la mer.

Les déblais devraient former la digue contre la mer, dont nous avons parlé ci-dessus.

Il est évident qu'il suffirait pour évacuer les eaux des étangs, de faire à ce canal, vis-à-vis de chacun d'eux, des écluses qu'on ouvrirait et fermerait à volonté. Il est encore évident qu'au moment des crues, ces mêmes écluses serviraient à introduire l'eau du Rhône, avec laquelle on voudrait laver le sol des étangs. On pourrait établir ainsi dans ces étangs un renouvellement, une sorte de circulation de l'eau, qui, en fertilisant leur surface, ne laisserait après elle aucun germe d'infection.

Bien plus, ces dispositions permettraient de rendre générale pour toute l'île, sans inconvénient pour la salubrité, cette circulation qui, semblable à celle du sang dans le corps des animaux, porterait la vie dans toutes ses parties; car il serait facile, en donnant de plus fortes dimensions aux roubines actuelles, ou mieux encore, en construisant de nouveaux canaux, d'arroser à volonté tous les marais, de *colmater* (1) toutes les terres et pâturages, lors des crues du Rhône; en un mot, de tirer tout le parti possible de ce fleuve limoneux, dont les précieuses crues vont se perdre sans fruit dans la mer. On ne craindrait plus des submersions qu'on maîtriserait, puisque l'on aurait pour les écouler la vaste surface des étangs libre de toute eau étrangère, et susceptible de se décharger dans le Rhône par notre canal. On ne craindrait plus de se donner la mort, d'empoisonner sa famille et

______

(1) Fertiliser, attérir par les dépôts limoneux de l'eau affluente.

ses voisins , en cherchant à fertiliser son patrimoine.

Aujourd'hui les eaux pluviales, celles qu'apportent les roubines, celles qui sont introduites par la violence des vents, quand la mer a rempli les étangs, toutes ces eaux, dis-je, d'où qu'elles proviennent, restent dans les marais en stagnation complète. Elles y deviennent la cause des fièvres intermittentes qui désolent ces contrées, parce que les vidanges ne sont pas entretenues et ne le seront jamais, attendu que le colon n'y a aucun intérêt, qu'au contraire, il lui est avantageux qu'elles soient en mauvais état. En effet, la mer étant susceptible de s'élever jusqu'à un mètre quarante centimètres, et s'élevant souvent à quatre-vingts centimètres, ces émissaires, qui auraient servi à évacuer les eaux douces et fertilisantes des pluies et des roubines, amèneraient en échange sur les marais et même sur beaucoup de pâturages, les eaux saumâtres de la mer , qui détruiraient leur précieuse végétation , dont se nourrissent au printemps de nombreux troupeaux, qui absorbe en été une partie des exhalaisons délétères du sol , et fournit une grande quantité d'engrais, et de fourrages (grossiers à la vérité) pour nourrir en hiver le gros bétail.

Mais, dira-t-on de toutes parts, il ne suffit pas d'inquer ce qu'il conviendrait de faire , il faut trouver qui le fera. J'avoue que la question n'est pas facile à résoudre. D'un côté, l'apathie des propriétaires actuels de l'île, la difficulté de les faire concourir au même but d'intérêt général , sans s'exposer à des tracasseries interminables, sans éveiller les rivalités , les méfiances , les amours-propres et les intérêts indivi-duels ; de l'autre , le respect dû à la propriété , la juste répugnance qu'on doit éprouver à assujétir un grand nombre de propriétaires aux prétentions et aux exi-geances souvent intolérables d'une compagnie ; enfin, la difficulté de mettre en mouvement des administra-tions nécessairement toujours lentes à prendre un parti, plus lentes à l'exécuter ; tous ces obstacles réu-nis, sont bien propres à décourager. Cependant la chose est en elle-même si importante , des grands ré-sultats si faciles à prévoir, si évidens, qu'il ne faut pas désespérer de réussir ; mais c'est au gouvernement à donner l'impulsion. Je ne vois aucun motif qui puisse le faire hésiter à offrir aux propriétaires de la Camargue (1) l'option entre l'un ou l'autre des deux partis , ou de s'associer ensemble pour améliorer de concert leur territoire, sur des plans fournis par des ingénieurs , ou de souffrir que cette opération soit faite par une compagnie à qui on concéderait des avanta-ges proportionnés à ses sacrifices , et déterminés par l'acte de concession. Dans l'un et l'autre cas, ces plans seraient soumis au corps entier des propriétaires , pour y faire des observations, et ne seraient définitivement adoptés par le conseil général des ponts-et-chaussées, qu'après que les réclamations de ces propriétaires au-raient été entendues.

--------

(1) Leur nombre n'est pas aussi grand qu'on pourrait le présu-mer ; quatre-vingts propriétés, dont le revenu moyen est de six ou huit mille francs, occupent les trois-quarts de l'île.

Les lois donnent au gouvernement le droit et le pouvoir d'en agir ainsi ; l'humanité lui en fait un devoir, puisqu'il s'agit de la salubrité d'une vaste contrée. Par cette résolution, il sauverait des fièvres et des maladies épidémiques annuelles quatre-vingt ou cent mille Français qui ont des droits bien légitimes à sa protection ; il ferait succéder chez eux le bonheur à l'infortune, le bien-être à la misère ; et, ce qui ne saurait manquer d'être pour lui d'une grande considération, il ferait disparaître pour toujours un foyer d'infection plus dangereux pour la France que ne l'ont jamais été Barcelone et Cadix ravagées par la fièvre jaune ; cette maladie terrible, dont on redoutait l'importation, s'est plusieurs fois manifestée chez nous (1). Elle n'avait ni mer, ni Pyrénées, ni cordon sanitaire à franchir pour se répandre dans le cœur de l'Etat. Heureusement la constitution atmosphérique du moment et les circonstances n'ont pas favorisé sa propagation.

Indépendamment de ces avantages sanitaires, l'Etat obtiendrait l'économie du logement et des gages de plus de cent cinquante douaniers actuellement employés à empêcher la contrebande du sel qui se forme naturellement dans les étangs ; économie énorme (2), qui représente un capital de 3 à 4 millions, somme bien moins importante encore que la santé et la vie de ces cent cinquante hommes exilés dans nos déserts, où ils ne produisent rien pour la société, et contrac-

---

(1) M. MEIRIEU, médecin distingué de Saint-Gilles, m'a dit avoir traité dans ces dernières années plusieurs individus qui en étaient atteints.

(2) Environ mille francs par homme.

tent toutes les maladies morales et physiques qui résultent de l'oisiveté dans laquelle ils restent plongés, et du terrible climat où ils sont condamnés à vivre ou plutôt à mourir.

D'un autre côté, l'augmentation du revenu des particuliers permettrait d'augmenter proportionnellement les impôts ; à n'envisager les opérations que je propose que sous ce point de vue, ce serait pour le gouvernement une très-bonne spéculation de les faire, même gratuitement et à ses frais. S'il s'y refusait, si même il ne pouvait contribuer en rien aux dépenses, serait-il impossible de se procurer d'autre part les fonds nécessaires ? Au moment où tant de capitaux cherchent un emploi, serait-il difficile de trouver ceux que pourrait demander l'exécution de mon canal littoral ? hésiterait-on à offrir ses fonds à une association des propriétaires de toute l'île, ou à la compagnie qui prendrait leur place ? J'ai la certitude du contraire. Il ne s'agit donc que d'obtenir du gouvernement l'examen du projet, la levée des plans et les lois ou ordonnances nécessaires.

Le canal littoral une fois exécuté, il resterait à chercher les moyens les plus convenables pour mettre à profit tous les élémens de prospérité que le Rhône présente, bien inutilement aujourd'hui, aux propriétaires de la Camargue. Le succès de la première entreprise rendrait faciles toutes les autres ; l'émulation du bien serait générale, et l'esprit, soustrait à l'empire de l'habitude, prendrait un libre essor. Nul doute que chacun ne se hâtât d'avoir des canaux superficiels pour submerger ses propriétés ; peut-être même des travaux d'ensemble seraient-ils exécutés dans le même but; peut-être un système régulier et général d'inondation artificielle remplacerait-il l'absurde système d'encaissement du fleuve que le hasard a créé, que la routine et une certaine force d'inertie (plus grande dans ce pays que partout ailleurs) maintiennent pour la ruine des propriétaires et des habitans de l'île.

Représentons-nous la Camargue telle que la digue construite avec les *terres jectices* du canal l'aura rendue......... C'est un vaste bassin de plusieurs mètres de profondeur, qu'on peut remplir à volonté (au moment des crues) de l'eau éminemment fertilisante du Rhône..... Pourquoi n'y ferait-on pas ce que les Egyptiens ont fait chez eux dans une situation analogue? qui empêcherait de la diviser en plusieurs bassins alternativement inondés? qui empêcherait de se servir du bassin qui serait momentanément submergé, comme d'un réservoir, pour arroser les autres quand les crues seraient écoulées......... Il remplirait à peu près les fonctions que remplissait le lac Mœris en Egypte......

Mais, quelque système de submersion qu'on adoptât, il faudrait toujours bien se garder d'attérir les bas-fonds avant que les autres ne fussent proportionnellement exhaussés, de crainte de ne savoir que faire des eaux pluviales d'automne, quand les grandes pluies coïncideraient avec des fortes marées et des crues du fleuve.

Le desséchement par colmates est, pour beaucoup de nos étangs, le seul moyen qu'on puisse employer. M. DE PRONY en fait aussi un grand usage pour les marais Pontins.

Il dit ( page 40 de l'avant-propos de son ouvrage) :
« La grande et décisive question pour opérer le dessé-
» chement des marais Pontins consiste dans un bon
» système de canaux. Les projets fondés sur l'emploi
» de machines hydrauliques ne méritent aucune at-
» tention. »

Plus loin ( page 41) il ajoute : « Ce système devra
» se composer de canaux d'introduction pour amener
» les eaux troubles sur la surface à acquérir, et de
» canaux de fuite pour conduire les eaux au récipient
» ultérieur ou général. »

Je pourrais, en terminant, m'étendre sur les ressources immenses que présenteraient à l'agriculture
la Camargue et les terrains analogues régis comme je
le propose. Mais on prévoit assez, sans que je le dise,
que les terres actuellement cultivées rendraient deux
fois plus qu'elles ne rendent aujourd'hui ; que les pâturages, dont il faut en ce moment une grande quantité
pour obtenir un mince revenu, deviendraient d'excellentes terres à froment ; que les marais, et même les
étangs, seraient convertis en prés, ou du moins en vastes
pâturages marécageux ; qu'en cet état, ils ne seraient
point malsains, à cause du renouvellement continuel
des eaux que nous y avons établi ; qu'ils fourniraient une
abondante nourriture à nos beaux et nombreux troupeaux de bêtes à laine, à notre singulière race de bœufs
sauvages, plus robuste, plus sobre, plus intelligente, et
non moins docile au joug que l'espèce commune ; à
la race de chevaux tout aussi extraordinaire (1) qu'ont

(1) *Voyez dans le tom. V des Mémoires de l'Académie de Mar-*

laissée chez nous les Sarrasins, qui s'est conservée pure depuis leur invasion, qui a toutes les qualités et tous les défauts des chevaux africains, mais qui dégénère de jour en jour par notre négligence et par la misérable existence à laquelle nous la condamnons (1).

On obtiendrait évidemment l'amélioration et la multiplication de tous les bestiaux qui dépaissent dans nos pâturages; on pourrait aussi tenter l'introduction de quelques espèces qui nous sont étrangères.

Combien de cultures, combien de productions nouvelles seraient susceptibles de réussir dans ce sol singulier, soumis à un régime particulier! et, sans parler de plusieurs autres plantes exotiques que la position méridionale de l'île permettrait de cultiver, serait-il difficile de faire croître dans ces étangs, aujourd'hui si improductifs, le riz pour lequel nous payons à l'agriculture étrangère un énorme tribut? On sait qu'il prospère surtout dans les terrains salans, et qu'on fait beaucoup plus de cas de sa qualité quand il provient

---

*seille,* les observations sur les haras de la Camargue, rédigées par M. CASIMIR ROSTAN.

(1) Non-seulement ces deux races d'animaux sont fort déchues de leurs formes et de leurs qualités primitives, mais encore leur nombre est prodigieusement diminué. QUIQUERAN DE BEAUJEU, qui n'est pas fort ancien, assure que, de son temps, il existait dans les environs d'Arles seize mille bœufs, et quatre mille jumens; aujourd'hui le nombre total des bêtes *bovines* n'est pas, à ce qu'on assure, de plus de trois mille, et celui des jumens de plus de quinze cents. On ne peut s'en étonner quand on sait que, tout l'hiver, ces animaux sont si mal nourris, qu'ils sont toujours au moment de mourir d'inanition, malgré leur merveilleuse sobriété.

de ces terrains, que quand il a été recueilli dans une terre ordinaire.

Mais comment prévoir, comment énumérer tous les avantages, tous les élémens de prospérité agricole et industrielle que procureraient à notre Delta l'assainissement, l'amendement et l'irrigation économique de toute sa surface, l'infaillible et rapide accroissement de sa population, et enfin la facilité de transporter à peu de frais tous ses produits, partout où les appellerait la consommation (1)?

Le désir de faire connaître aux savans une contrée presque ignorée, et cependant bien intéressante; l'espoir de fixer sur elle les regards des agronomes, des capitalistes, et surtout des administrateurs; un sentiment profond de commisération pour les souffrances

---

(1) Notre canal aboutirait, comme on l'a vu plus haut, d'un côté au canal de Languedoc, et de l'autre à celui de Bouc; il procurerait ainsi à nos denrées une voie économique, pour s'écouler dans l'est et dans l'ouest de la France, tandis que le Rhône nous ferait communiquer avec tout l'intérieur de la France, et la mer avec le monde entier. Cette *viabilité* bien rare recevrait tous les développemens dont elle est susceptible par l'adoption d'un système de canaux de petite navigation semblables à ceux dont M. le directeur-général des ponts-et-chaussées, dans un excellent rapport au Roi, démontra si bien toute l'utilité, il y a quelques années. Plusieurs comtés de l'Angleterre, qui en sont pourvus, leur doivent la prospérité dont ils jouissent. Ils conviendraient parfaitement à notre Delta, où les différences de niveau sont très-peu sensibles. On les ferait aboutir au canal littoral, sur plusieurs points, et au Rhône, vis-à-vis d'Arles et de Saint-Gilles.

de mes concitoyens, vivement excité par le souvenir de mes propres malheurs; voilà les motifs qui m'ont engagé à écrire et à répandre dans le public le mémoire qu'on vient de lire. J'ai cru remplir mon devoir de maire en appelant l'attention des hommes instruits et du gouvernement sur des marais qui infectent ma commune, et mon devoir de sujet, en fournissant à notre Roi l'occasion, toujours précieuse à un Bourbon, de faire une grande et bonne chose.

Ouvrir à nos bâtimens de commerce une route directe et sûre pour communiquer, en tous les temps, de Cette à Marseille, de l'ouest à l'est de la France, sans avoir à franchir le golfe de Lyon (si fréquent en naufrages pendant les équinoxes, si dangereux dans tous les temps); faire naître l'abondance et la santé dans un pays où règnent la misère et la fièvre; enfin, réaliser en France les merveilles de la Basse-Egypte, n'est-ce pas une entreprise digne d'être proposée au petit-fils d'Henri le Grand?